Herzlichst gratulieren wir Dir,
liebe Ivonne anlässlich Deiner
1. Kommunion.
Gottessegen
die Janenbrecks
April 2013.

Pour Grégoire, Aubin et Octave, qui sont ma pluie de roses.
S. B.

Direction : Guillaume Arnaud

Direction éditoriale : Sarah Malherbe

Édition : Charlotte Walckenaer

Direction artistique : Élisabeth Hebert

Fabrication : Thierry Dubus, Anne Floutier

Photogravure : IGS

Achevé d'imprimer en Italie par Zanardi en janvier 2009

Dépôt légal : février 2009

© Mame, Paris, 2009 - www.editionsfleurus.com

ISBN : 978-2-7289-1303-9 - N° d'édition : 09013

# Thérèse
## de l'Enfant-Jésus

Texte de Sioux Berger – Illustrations d'Elvine

MamE

# La petite Thérèse

Connais-tu la ville de Lisieux ? Des milliers de personnes s'y rendent en pèlerinage chaque année. C'est dans cette ville de Normandie que sainte Thérèse de l'Enfant-Jésus a grandi. Aujourd'hui, le monde entier connaît Thérèse. Pourtant, avant d'être une grande sainte, elle fut une petite fille comme les autres.

Voici son histoire…

Thérèse est une petite fille très heureuse. Elle vit à Alençon avec ses parents et ses quatre grandes sœurs Marie, Pauline, Léonie et Céline.

Un jour, elle trouve sa mère étendue sur son lit, le visage tout pâle.

« Maman, ça ne va pas ? s'étonne Thérèse.

– Non, ma petite fille, ça ne va pas très bien. Il va falloir être très courageuse. Je suis très malade, je vais partir au Ciel. »

La mère de Thérèse regarde tendrement sa fille et soupire. Thérèse n'a que 4 ans, mais elle a compris qu'un grand malheur va s'abattre sur sa famille…

Lorsque leur mère meurt, Thérèse et Céline sont encore toutes petites.

Que vont-elles devenir ? Elles ont tant besoin de réconfort !

Alors Céline se jette dans les bras de sa sœur Marie et s'écrie :

« Eh bien, c'est toi qui seras ma maman ! »

Et Thérèse, qui fait toujours tout comme Céline, dit :

« Eh bien moi, c'est Pauline qui sera ma maman. »

Le père de Thérèse, seul avec ses cinq filles, s'inquiète pour leur éducation.

Il accepte de déménager à Lisieux, où vit le frère de sa femme et sa famille.

On y trouve une maison entourée d'un grand jardin.

« La maison s'appelle "Les Buissonnets", explique-t-il à Thérèse.

Tu verras, ma petite reine, nous y serons heureux.

– Oh oui, papa ! Regarde comme les fleurs du jardin sont belles ! »

Le père de Thérèse sourit. Une goutte d'eau sur un pétale de rose la ravit !

Pourtant, depuis la mort de sa mère, Thérèse pleure très souvent. Elle trouve du réconfort en parlant à Jésus. Elle sent alors un soleil naître dans son cœur.

Un jour, Pauline la découvre cachée derrière les rideaux de son lit.

« Que fais-tu là, Thérèse, tu te caches ? lui demande-t-elle.

– Je pensais, répond Thérèse.

– Mais à quoi pensais-tu ?

– Je pensais au bon Dieu, à la vie, à l'éternité… »

En secret, Thérèse rêve déjà de donner sa vie à Jésus.

Les jours passent si vite aux Buissonnets ! Thérèse a maintenant 10 ans, et Pauline a décidé d'entrer au Carmel pour devenir religieuse.

« Je veux y aller moi aussi ! lui dit Thérèse.

– Tu es trop jeune ! lui répond sa sœur. En attendant, tu pourras venir me voir. »

Thérèse éclate en sanglots. Elle a déjà perdu sa maman, et voici maintenant que Pauline la quitte ! Elle est si malheureuse qu'elle tombe gravement malade. Elle semble avoir perdu la raison. Elle ne reconnaît plus personne. Le docteur est très inquiet.

« Prions, propose Marie à ses sœurs, la Sainte Vierge nous réconfortera. » Et elles s'agenouillent devant la grande statue de la Vierge Marie près du lit de Thérèse.

Et le jour de la Pentecôte, un miracle se produit : Thérèse sourit et parle de nouveau !

Le soir, Marie presse Thérèse de questions :

« Thérèse, dis-moi ce qui s'est passé !

– La Sainte Vierge était si belle, répond Thérèse, que jamais je n'avais rien vu de si beau, son visage respirait une bonté et une tendresse ineffables, mais ce qui me pénétra jusqu'au fond de l'âme, ce fut son ravissant sourire. »

Thérèse garde au fond de son cœur le sourire de la Vierge. Le jour de sa première communion, elle est tellement émue qu'elle pleure de joie.

Deux ans plus tard, à Noël, Thérèse ressent la force de Dieu avec elle, cette confiance la fait grandir : elle pleure beaucoup moins qu'avant et devient très courageuse.

Elle sait désormais ce qu'elle veut faire quand elle sera plus grande : elle sera sainte ! Elle veut être carmélite, car elle est sûre à présent que la prière peut accomplir des miracles !

Un jour, elle demande à Céline de faire dire une messe à ses intentions.

« Et pour qui veux-tu faire dire une messe, ma Thérèse ? demande gentiment sa sœur.

– Eh bien…, dit Thérèse, c'est pour un criminel condamné à la guillotine. Il refuse de voir un prêtre avant de mourir. Il s'appelle Pranzini. Ah ! si ma prière pouvait sauver son âme ! »

Le soir, Thérèse prie très fort pour Pranzini. Et le lendemain de l'exécution, elle ouvre le journal. Ce qu'elle y lit la fait fondre en larmes : juste avant de mourir, le criminel a souhaité embrasser la croix du Christ !

« Alors Jésus m'a entendue ! », pense Thérèse.

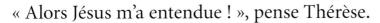

Les années ont passé. Marie a rejoint Pauline au Carmel. Thérèse va avoir 15 ans. Elle veut aussi donner sa vie à Jésus et en fait la demande à son père :

« Papa, je voudrais entrer au Carmel. Je ne peux plus attendre.

– Tu es bien jeune, ma petite reine. L'évêque et la supérieure du Carmel refuseront.

– Mais, papa, je veux y aller ! Je veux aimer Jésus et le faire aimer. Je ne pourrai le faire qu'en entrant au Carmel. Je dois y aller tout de suite. J'irai demander la permission au Saint-Père s'il le faut ! »

Thérèse sanglote. Son père, très ému, la serre dans ses bras :

« Ah ! Le bon Dieu me fait un grand honneur de me demander ainsi mes enfants… », soupire-t-il.

$\mathcal{P}$uis, il cueille une petite fleur blanche qu'il donne à sa fille.
« Tu vois, Thérèse, Dieu a fait naître cette jolie fleur et a pris soin
d'elle jour après jour. »
« Jésus me protégera comme cette fleur », pense Thérèse.

Tant d'obstacles se dressent devant Thérèse ! Tout le monde refuse son entrée au Carmel. Son père décide d'aller à Rome, avec Thérèse et Céline.

Après des semaines de pèlerinage, Thérèse peut enfin voir le pape Léon XIII.
« Je vous rappelle qu'on ne doit pas adresser la parole au Saint-Père », explique le prêtre qui les accompagne.
Mais Thérèse désobéit, elle ne peut pas s'empêcher de parler. Elle s'agenouille devant le Saint-Père, pose ses mains sur ses genoux, le regarde droit dans les yeux et s'exclame :
« Très Saint-Père, permettez-moi d'entrer au Carmel à 15 ans !
Si vous disiez oui, tout le monde voudrait bien ! »
Étonné, le pape se penche vers la jeune fille, la bénit et lui répond :
« Allons, mon enfant, vous y entrerez si le bon Dieu le veut ! »
Thérèse pleure d'émotion, mais déjà deux gardes l'entraînent hors de la salle d'audience.

Le pape n'a pas dit oui, mais Thérèse reste confiante.
La veille de son anniversaire, elle reçoit enfin une lettre de l'évêque : ça y est ! Tout le monde a donné son accord. À la suite de ses sœurs Pauline et Marie, elle va enfin pouvoir entrer au Carmel !

# Au Carmel

« Je vais pouvoir prier pour les prêtres et les pécheurs ! »
se dit Thérèse en entrant au Carmel, le 9 avril 1888. Et c'est
avec bonheur que Thérèse découvre la cellule où elle va vivre.
Comme elle est petite ! Un lit, un tabouret, une petite cruche…
« C'est pour toujours que je suis ici », se répète-t-elle avec joie.
On l'appelle désormais sœur Thérèse de l'Enfant-Jésus.

*L*es règles de la vie au couvent sont rudes. Il faut se lever à 5 heures du matin, faire le ménage, la lessive, la vaisselle et la couture. Il n'y a pas de chauffage et on prie six heures par jour.

Le plus difficile, c'est que Thérèse n'a pas le droit de parler à Pauline et à Marie, ses sœurs, qui sont pourtant si proches. Au Carmel, on ne peut pas bavarder quand on veut !

Et puis, il faut apprendre à vivre avec les autres sœurs.

Il y en a une qui énerve particulièrement Thérèse. Ses paroles et ses actes l'agacent. Mais Thérèse comprend qu'aimer les autres est le chemin qui mène tout droit à Jésus, alors elle prend une décision :

« Je vais faire pour cette sœur ce que j'aurais fait pour la personne que j'aime le plus ! »

Et quand cette sœur lui demande pourquoi elle est si gentille avec elle, Thérèse répond :

« Mais c'est parce que je suis contente de vous voir ! »

Thérèse ne lui dit pas que c'est Jésus qu'elle voit caché au fond de son cœur…

Thérèse essaie de ne pas se plaindre et d'être de bonne humeur avec toutes les sœurs.

Elle fait de nombreux petits efforts pour être une sainte, mais ce n'est pas facile. Elle a l'impression d'être un grain de sable devant les grands saints de l'Histoire. Le chemin lui paraît long et la sainteté, un immense escalier aux marches raides.

Elle aimerait aller vite à Jésus. Pour cela, l'idéal serait un… ascenseur, cette nouvelle machine qu'on vient d'inventer !

« Je voudrais trouver un ascenseur pour m'élever jusqu'à Jésus, se dit-elle, car je suis trop petite pour monter le rude escalier de la perfection. »

Pourtant, elle ne baisse pas les bras.

Un jour, dans la prière, elle lit ces paroles de Dieu : *Si quelqu'un est tout petit, qu'il vienne à moi ! Comme une mère caresse son enfant, ainsi je vous consolerai.*

« Que ces mots sont tendres ! se dit Thérèse. Alors, je n'ai pas de crainte à avoir. Il suffit que je reste petite ! L'ascenseur qui me mène à Dieu, ce sont vos bras, ô Jésus ! »

Mais peu à peu, Thérèse se pose des questions : a-t-elle vraiment choisi la bonne voie ? Elle est très heureuse au Carmel, mais elle se demande si Dieu veut vraiment qu'elle soit ici. Dans la prière, il lui semble qu'elle n'entend aucune réponse à ses questions, il lui arrive même de s'endormir à la chapelle !

Pendant les récréations, on parle des missionnaires, des prêtres qui voyagent en Asie, en Afrique… des sœurs qui partent fonder des Carmels à l'étranger.

Thérèse rêve. Elle trouve cela fabuleux de partir au bout du monde pour apporter la parole de Jésus. Elle voudrait tout être à la fois : sainte, carmélite, épouse, mère, apôtre, prêtre, docteur, martyr, missionnaire ! Mais il faudrait plus d'une vie pour tout faire !

Thérèse comprend dans la prière que le point commun de toutes ces vies, c'est l'Amour de Jésus. Alors tout semble s'éclairer. Peu importe que l'on soit au Carmel ou au bout du monde : ce qu'il faut c'est aimer.

« Ma vocation, c'est l'Amour ! se réjouit-elle. J'ai trouvé ma place.

Dans le cœur de l'Église, ma mère, je serai l'Amour… ainsi je serai tout… »

Thérèse aime écrire des poèmes, des pièces de théâtre et dessiner des images. C'est une artiste !

Sa sœur Pauline, qui est devenue la supérieure du couvent, lui demande d'écrire ses souvenirs.

Thérèse obéit et, le soir, dans sa cellule, elle écrit sur un petit cahier d'écolier ce qui deviendra l'*Histoire d'une âme*.

Pourtant Thérèse est fatiguée, elle est malade. Elle souffre de la tuberculose. C'est une maladie qu'on ne sait pas guérir à cette époque.

Mais Thérèse garde son sens de l'humour et fait rire toute la communauté. On ne s'ennuie jamais avec elle !

« La santé de sœur Thérèse se dégrade. Elle souffre beaucoup mais elle rit d'elle-même : elle dit qu'elle tousse aussi fort qu'une locomotive ! » raconte l'une des sœurs.

# La pluie de roses

Thérèse est de plus en plus faible. Si on lui demande comment elle va, elle répond toujours :

« Ça va très bien ! Il ne faut pas être triste si le Seigneur me rappelle au Ciel… Je sens que c'est au Ciel que ma mission va commencer, ma mission de faire aimer le bon Dieu comme je l'aime ! À ma mort, je ferai tomber sur la Terre une pluie de roses ! »

Elle sent qu'après sa mort elle enverra sur la Terre une pluie de grâces : des cadeaux pour les hommes de la part de Dieu.

Thérèse ne peut plus quitter son lit et les sœurs se relaient à son chevet. Elle souffre beaucoup, mais elle continue à sourire.

La mort ne lui fait pas peur. Elle rassure les sœurs :

« Au Ciel, je serai plus utile qu'ici. Je veux passer mon Ciel à faire du bien sur la Terre. Personne ne m'invoquera sans avoir de réponse ! »

Un soir, dans son agonie, Thérèse regarde longuement la statue de la Sainte Vierge, elle serre son crucifix contre son cœur et, dans un dernier souffle, elle murmure :

« Oh ! Je l'aime ! Mon Dieu ! Je vous aime ! »

Puis son visage s'apaise et elle semble ne plus souffrir. Auprès d'elle, les sœurs prient toutes ensemble. Thérèse rejoint le Ciel dans un sourire merveilleux.

L'une des sœurs, atteinte d'une maladie incurable, pleure au pied du lit. Lorsqu'elle relève la tête, elle sent qu'elle peut marcher toute seule : elle est guérie !

Comme Thérèse l'avait tant désiré, une pluie de roses commence à tomber. Par son intercession, des miracles se produisent.

La nouvelle de la mort de Thérèse se répand dans tout Lisieux.

Un an plus tard paraît le livre qui recueille ses souvenirs. Les gens se mettent à le lire. Ils viennent nombreux à Lisieux en pèlerinage. Ils prient Thérèse, l'invoquent et sont écoutés !

En 1908, une petite fille de 4 ans et demi tombe malade et devient aveugle.

Elle s'appelle Reine, et la médecine ne peut pas la guérir.

Sur les conseils d'une religieuse, sa mère décide de l'emmener à Lisieux.

Arrivées devant la tombe de Thérèse, elles commencent à prier très fort.

Tout à coup, Reine s'écrie :

« Maman ! Je vois ! Maman ! Je vois !

– Oh mon Dieu ! Ma fille est guérie ! C'est un miracle ! »

Très vite, la nouvelle des miracles se répand. Les sœurs reçoivent jusqu'à quatre cents lettres par jour ! Elles conservent précieusement les témoignages anonymes et, quelques années plus tard, un livre de sept volumes paraît. Intitulé *Pluie de roses,* il raconte tous les miracles qui se sont produits après la mort de Thérèse.

À Lisieux, les gens viennent par milliers, chaque jour la foule est plus importante. Depuis la gare, c'est un cortège incessant de fiacres ! Thérèse est déjà sainte dans les cœurs…

Thérèse est canonisée en 1925. Pie XI fait déposer sur sa tombe une rose d'or en signe de vénération.

Aujourd'hui, des missions sur tous les continents portent son nom. En 1927, le pape la nomme patronne des missions, comme saint François-Xavier, le grand jésuite qui est allé en Chine !

Le livre de Thérèse a été lu par des millions de personnes. C'est en 1997 que Jean-Paul II la proclame docteur de l'Église pour signifier que ce qu'elle a écrit est un véritable enseignement sur l'Amour.

Ainsi les rêves de Thérèse sont devenus réalité.

## Fêtes

Sainte Thérèse de l'Enfant-Jésus et de la Sainte-Face est fêtée le 1er octobre.
Thérèse est morte le 30 septembre 1897 et est toujours fêtée à Lisieux, le dimanche le plus proche de cet anniversaire.

## Thérèse, patronne des missions

Thérèse disait : « Je voudrais annoncer l'Évangile dans les cinq parties du monde
et jusque dans les îles les plus reculées… »
Au Carmel, sa prieure lui demande de correspondre avec des prêtres missionnaires qu'elle soutient par la prière.
Thérèse avait le désir de « parcourir la Terre ». Depuis plus de dix ans, les reliques de Thérèse font le tour du monde,
et des milliers de pèlerins viennent les voir pour se recueillir.

## La petite voie

Sainte Thérèse s'attachait à mettre de l'amour dans tout ce qu'elle faisait.
La « petite voie » de Thérèse, c'est rester humble et chercher à rejoindre Dieu par les petits efforts de la vie de tous les jours.
Elle disait : « Je veux chercher le moyen d'aller au Ciel par une petite voie bien droite, bien courte et toute nouvelle. »

## Thérèse, docteur de l'Église

C'est en partie pour la trouvaille merveilleuse de ce petit chemin que Thérèse a été déclarée docteur de l'Église.
Cela signifie qu'elle était si proche de Dieu qu'elle a été capable de bien le connaître et de nous aider à mieux l'aimer.
On peut donc lire tout ce qu'elle a dit ou écrit comme un véritable enseignement sur Dieu.

## Les parents de Thérèse

Zélie et Louis Martin ont été déclarés bienheureux par le pape le 19 octobre 2008.
Cela veut dire qu'ils sont reconnus comme des héros de l'Église, ayant travaillé jour après jour à vivre selon l'Évangile
et à élever leurs enfants dans l'amour de Dieu et des autres.

## Les frères et sœurs de Thérèse

Thérèse est la dernière d'une famille de neuf enfants dont quatre sont morts petits.
Ses quatre grandes sœurs ont toutes été religieuses :
Marie, sa marraine, Pauline et Céline, sont allées au Carmel de Lisieux, comme Thérèse.
Léonie, elle, est entrée au couvent de la Visitation, à Caen.

## Le carmel

Le Carmel est un ordre religieux très ancien formé par des ermites qui vivaient près du mont Carmel, en Terre sainte,
à la suite du prophète Élie. Deux Espagnols, sainte Thérèse d'Avila et saint Jean de la Croix, l'ont adapté au XVIe siècle.
Le Carmel de Lisieux fut fondé en 1838. Lorsque Thérèse y entre en 1888, il y a vingt-six sœurs.

## La ville de Lisieux

Aujourd'hui, à Lisieux, on peut visiter les différents lieux de la vie de sainte Thérèse :
Les Buissonnets, la cathédrale, la chapelle du Carmel dans laquelle est installée la châsse de sainte Thérèse.
Enfin, l'immense basilique a été construite pour accueillir les nombreux pèlerins qui viennent tous les ans.